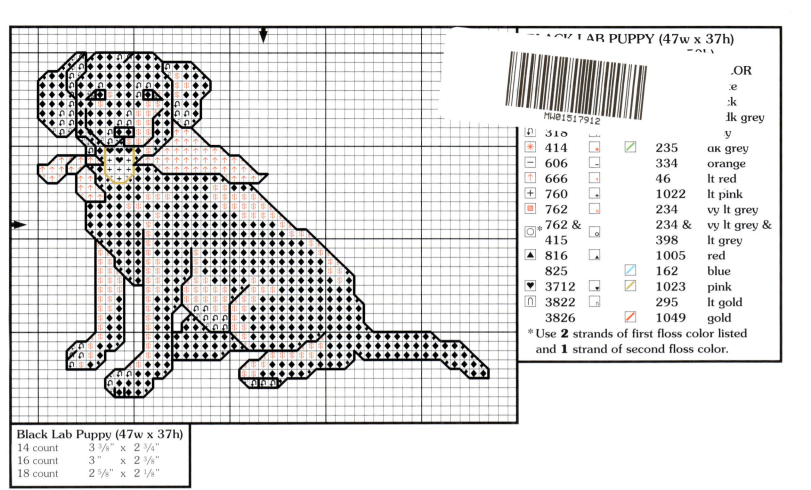

BLACK LAB PUPPY (47w x 37h)

...OR

⌂	318				...y
✳	414		⊡	235	dk grey
−	606		⸱	334	orange
↑	666		⊥	46	lt red
+	760		+	1022	lt pink
▨	762		⊡	234	vy lt grey
⊙*	762 & 415		○	234 & 398	vy lt grey & lt grey
▲	816		▲	1005	red
	825		╱	162	blue
♥	3712		▾	1023	pink
⌂	3822		⌂	295	lt gold
	3826		╱	1049	gold

*Use **2** strands of first floss color listed
and **1** strand of second floss color.

Black Lab Puppy (47w x 37h)

14 count	3 ³/₈"	x	2 ³/₄"
16 count	3"	x	2 ³/₈"
18 count	2 ⁵/₈"	x	2 ¹/₈"

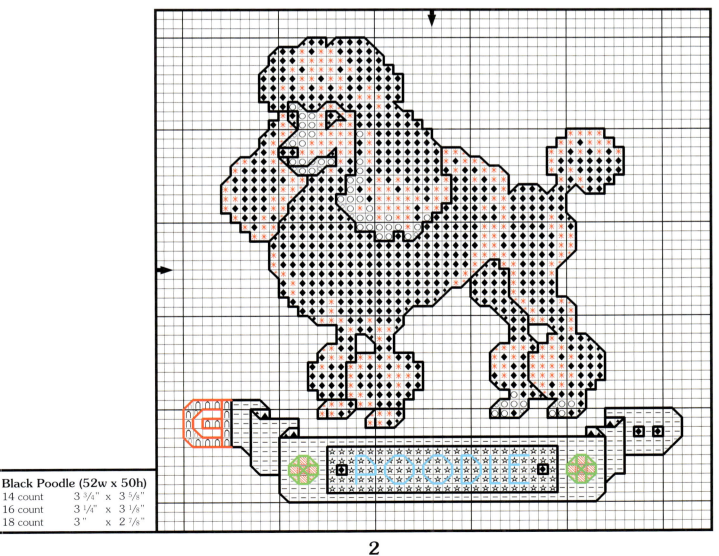

Black Poodle (52w x 50h)

14 count	3 ³/₄"	x	3 ⁵/₈"
16 count	3 ¹/₄"	x	3 ¹/₈"
18 count	3"	x	2 ⁷/₈"

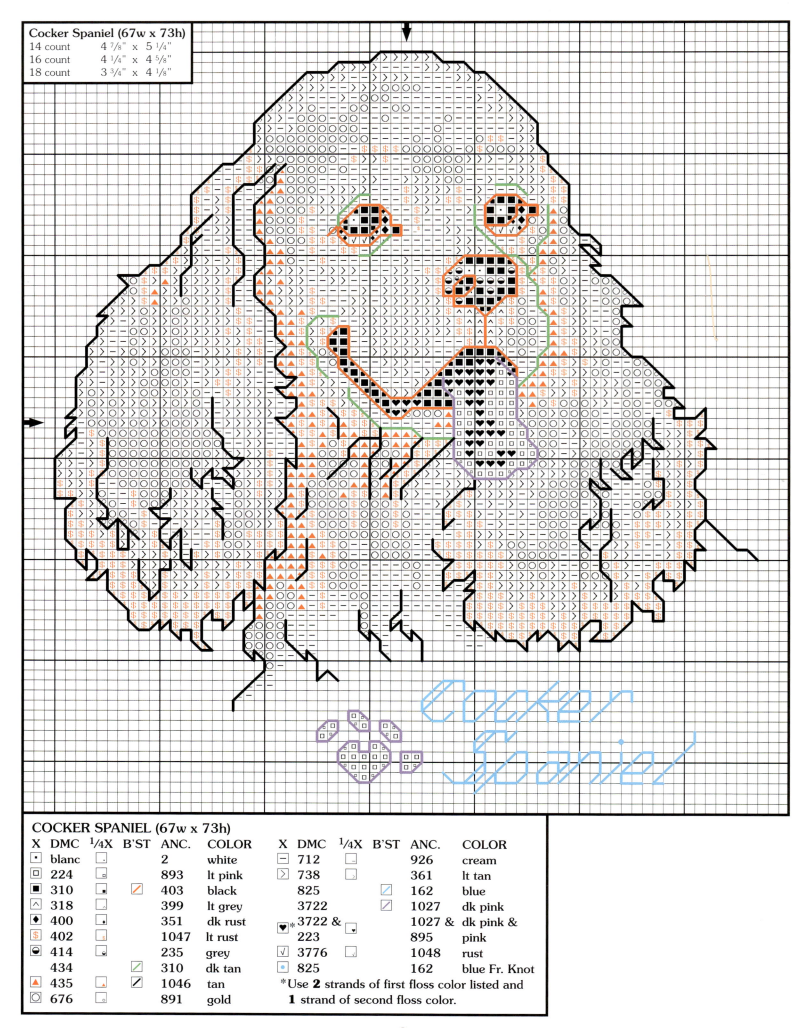

Cocker Spaniel (67w x 73h)

14 count	4 ⁷⁄₈"	x 5 ¼"
16 count	4 ¼"	x 4 ⁵⁄₈"
18 count	3 ¾"	x 4 ⅛"

COCKER SPANIEL (67w x 73h)

X	DMC	¼X	B'ST	ANC.	COLOR	X	DMC	¼X	B'ST	ANC.	COLOR
•	blanc	•		2	white	−	712			926	cream
⊡	224	⊡		893	lt pink	⟩	738	⟩		361	lt tan
■	310	■	⟋	403	black		825		⟋	162	blue
∧	318	∧		399	lt grey		3722		⟋	1027	dk pink
◆	400	◆		351	dk rust	♥*	3722 &	•		1027 &	dk pink &
$	402	s		1047	lt rust		223			895	pink
◒	414	◒		235	grey	√	3776			1048	rust
	434		⟋	310	dk tan	•	825			162	blue Fr. Knot
▲	435	▲	⟋	1046	tan	*Use **2** strands of first floss color listed and					
◎	676	◎		891	gold	**1** strand of second floss color.					

3

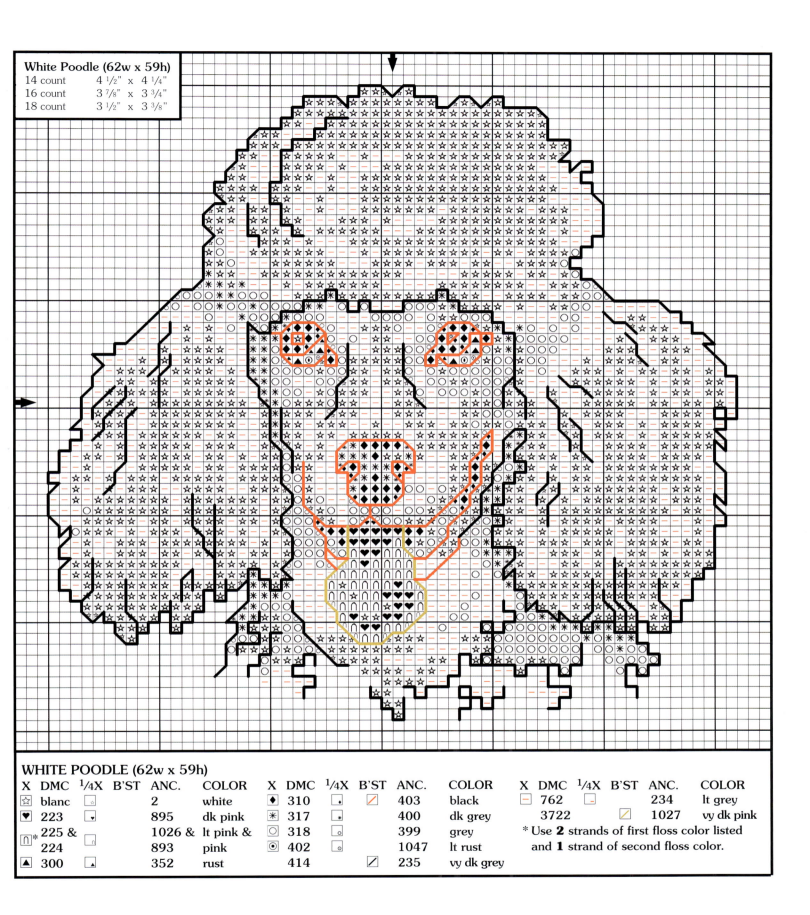

White Poodle (62w x 59h)

14 count	4 ½" x 4 ¼"
16 count	3 ⅞" x 3 ¾"
18 count	3 ½" x 3 ⅜"

WHITE POODLE (62w x 59h)

X	DMC	¼X	B'ST	ANC.	COLOR	X	DMC	¼X	B'ST	ANC.	COLOR	X	DMC	¼X	B'ST	ANC.	COLOR
☆	blanc			2	white	♦	310		∕	403	black	−	762			234	lt grey
♥	223			895	dk pink	✳	317			400	dk grey		3722		∕	1027	vy dk pink
⋒*	225 &			1026 &	lt pink &	○	318			399	grey						
	224			893	pink	◉	402			1047	lt rust						
▲	300			352	rust		414		∕	235	vy dk grey						

* Use **2** strands of first floss color listed
and **1** strand of second floss color.

4

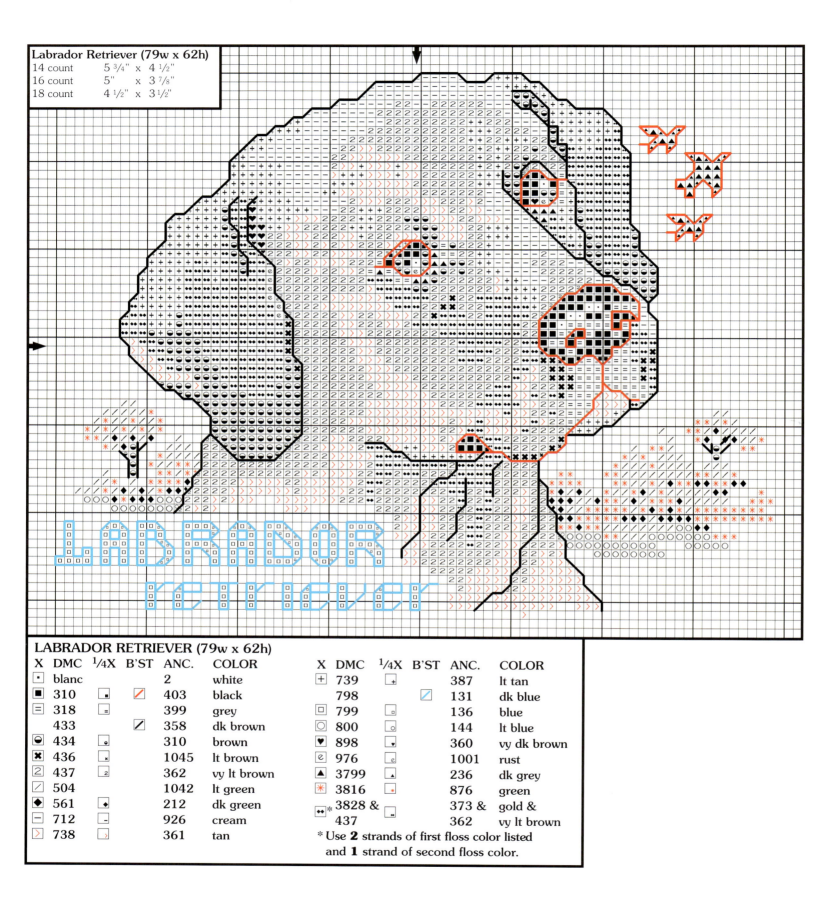

Labrador Retriever (79w x 62h)

14 count	5 ¾" x 4 ½"
16 count	5" x 3 ⅞"
18 count	4 ½" x 3 ½"

LABRADOR RETRIEVER (79w x 62h)

X	DMC	¼X	B'ST	ANC.	COLOR	X	DMC	¼X	B'ST	ANC.	COLOR
•	blanc			2	white	+	739	+		387	lt tan
■	310	■	/	403	black		798		/	131	dk blue
=	318	=		399	grey	□	799	□		136	blue
	433		/	358	dk brown	○	800	○		144	lt blue
◖	434	•		310	brown	♥	898	•		360	vy dk brown
✖	436	x		1045	lt brown	e	976	e		1001	rust
2	437	2		362	vy lt brown	▲	3799	▲		236	dk grey
/	504			1042	lt green	✳	3816	•		876	green
◆	561	◆		212	dk green	•• ✳	3828 &	□		373 &	gold &
–	712	–		926	cream		437			362	vy lt brown
>	738	>		361	tan						

* Use **2** strands of first floss color listed
and **1** strand of second floss color.

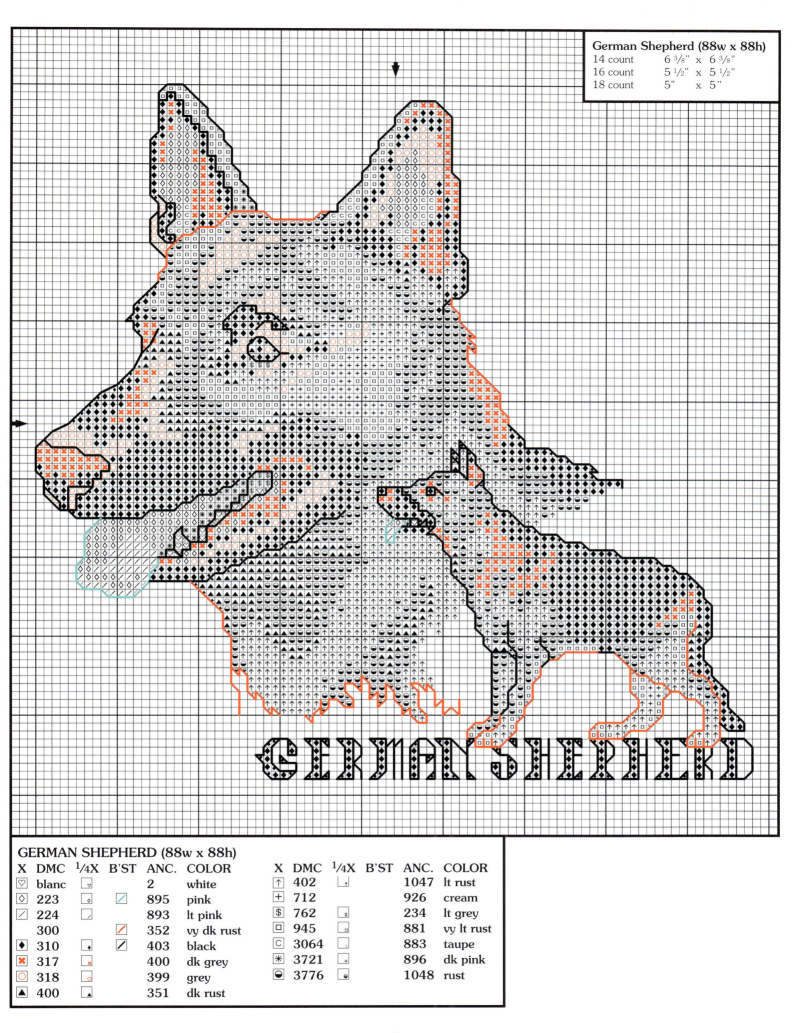

German Shepherd (88w x 88h)

14 count	6 ³/₈"	x 6 ³/₈"
16 count	5 ¹/₂"	x 5 ¹/₂"
18 count	5"	x 5"

GERMAN SHEPHERD (88w x 88h)

X	DMC	¹/₄X	B'ST	ANC.	COLOR
♡	blanc	♡		2	white
◇	223	◇	/	895	pink
/	224	/		893	lt pink
	300		/	352	vy dk rust
◆	310	◆	/	403	black
✖	317	✖		400	dk grey
○	318	○		399	grey
▲	400	▲		351	dk rust

X	DMC	¹/₄X	B'ST	ANC.	COLOR
↑	402	↑		1047	lt rust
+	712			926	cream
$	762	$		234	lt grey
▢	945	▢		881	vy lt rust
C	3064			883	taupe
✳	3721			896	dk pink
◖	3776			1048	rust

6

Yorkshire Terrier (60w x 93h)

14 count	4 ³/₈" x 6 ³/₄"
16 count	3 ³/₄" x 5 ⁷/₈"
18 count	3 ³/₈" x 5 ¹/₄"

YORKSHIRE TERRIER (60w x 93h)

X	DMC	¼X	B'ST	ANC.	COLOR		X	DMC	¼X	B'ST	ANC.	COLOR
·	blanc	·		2	white		C	606	c		334	orange
⊖	301	⊖		1049	rust		=	738	=		361	tan
◆	310	◆	/	403	black		⊥	762			234	lt grey
	317		/	400	dk grey		▲	801	▲		359	brown
✖	322	✖		978	blue		8	809	8		130	lt blue
√	400	√	/	351	dk rust		♥	816	♥		1005	red
+	402	+		1047	vy lt rust		✳	3776	✳		1048	lt rust
○	414	○		235	grey		●	310			403	black Fr. Knot

NEWFOUNDLAND

X	DMC	¼X	B'ST	ANC.	COLOR
·	blanc	·		2	white
♥	223	·		895	pink
z	224	z		893	lt pink
◆	310	·	⁄	403	black
+	318	+		399	grey
L	400	L		351	brown
⁒	413	⁒		236	vy dk grey
✳	414	·		235	dk grey

X	DMC	¼X	B'ST	ANC.	COLOR
⊙*	762 &	⊙		234 &	vy lt grey &
	415			398	lt grey
$	3713	s		1020	vy lt pink
	3722			877	dk pink
	3815		⁄	877	green

*Use **2** strands of first floss color listed
and **1** strand of second floss color.

NEWFOUNDLAND (61w x 74h)

Newfoundland (61w x 74h)	
14 count	4 ³⁄₈" x 5 ³⁄₈"
16 count	3 ⁷⁄₈" x 4 ⁵⁄₈"
18 count	3 ¹⁄₂" x 4 ¹⁄₈"

8

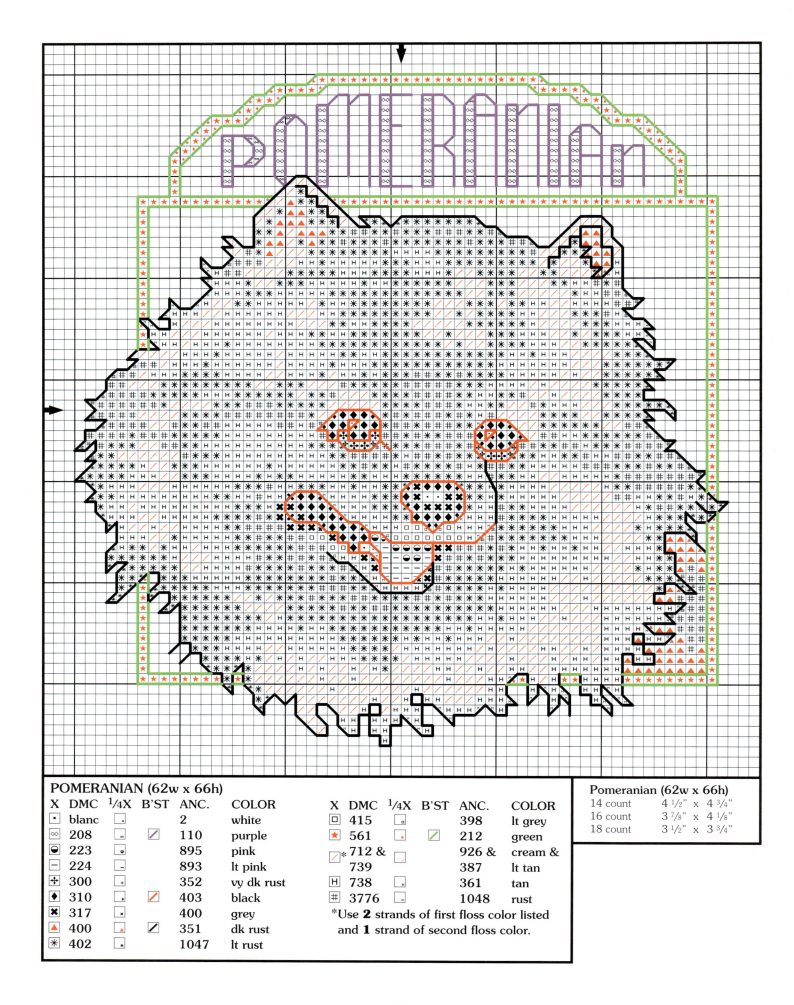

POMERANIAN (62w x 66h)

X	DMC	¼X	B'ST	ANC.	COLOR
·	blanc	·		2	white
⊗	208	∞	⟋	110	purple
⊖	223	·		895	pink
—	224	—		893	lt pink
⊞	300	+		352	vy dk rust
◆	310	·	⟋	403	black
✖	317	·		400	grey
▲	400	▲	⟋	351	dk rust
✳	402	·		1047	lt rust

X	DMC	¼X	B'ST	ANC.	COLOR
▫	415	▫		398	lt grey
★	561	·	⟋	212	green
⟋	*712 &			926 &	cream &
	739			387	lt tan
H	738	H		361	tan
#	3776	▫		1048	rust

*Use **2** strands of first floss color listed
and **1** strand of second floss color.

Pomeranian (62w x 66h)

14 count	4 ½" x 4 ¾"
16 count	3 ⅞" x 4 ⅛"
18 count	3 ½" x 3 ¾"

9

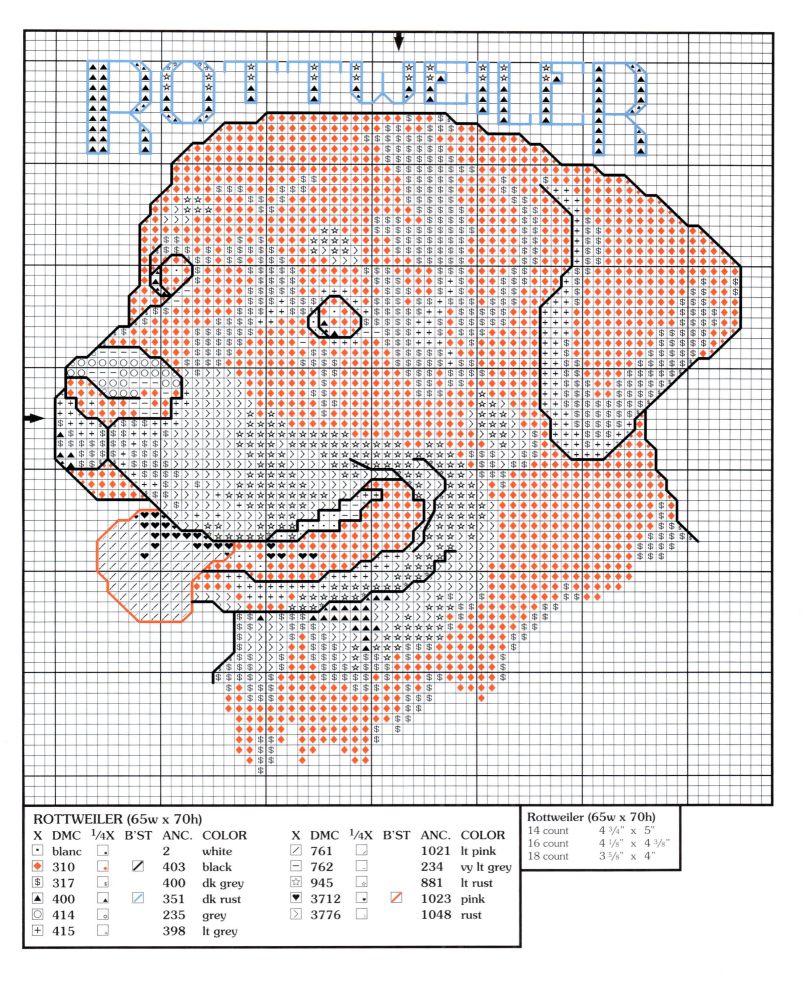

ROTTWEILER (65w x 70h)

X	DMC	¼X	B'ST	ANC.	COLOR
·	blanc	·		2	white
◆	310	◆	╱	403	black
$	317	$		400	dk grey
▲	400	▲	╱	351	dk rust
○	414	○		235	grey
+	415	+		398	lt grey

X	DMC	¼X	B'ST	ANC.	COLOR
╱	761			1021	lt pink
−	762			234	vy lt grey
☆	945	☆		881	lt rust
♥	3712	·	╱	1023	pink
>	3776			1048	rust

Rottweiler (65w x 70h)

14 count	4 ¾" x 5"
16 count	4 ⅛" x 4 ⅜"
18 count	3 ⅝" x 4"

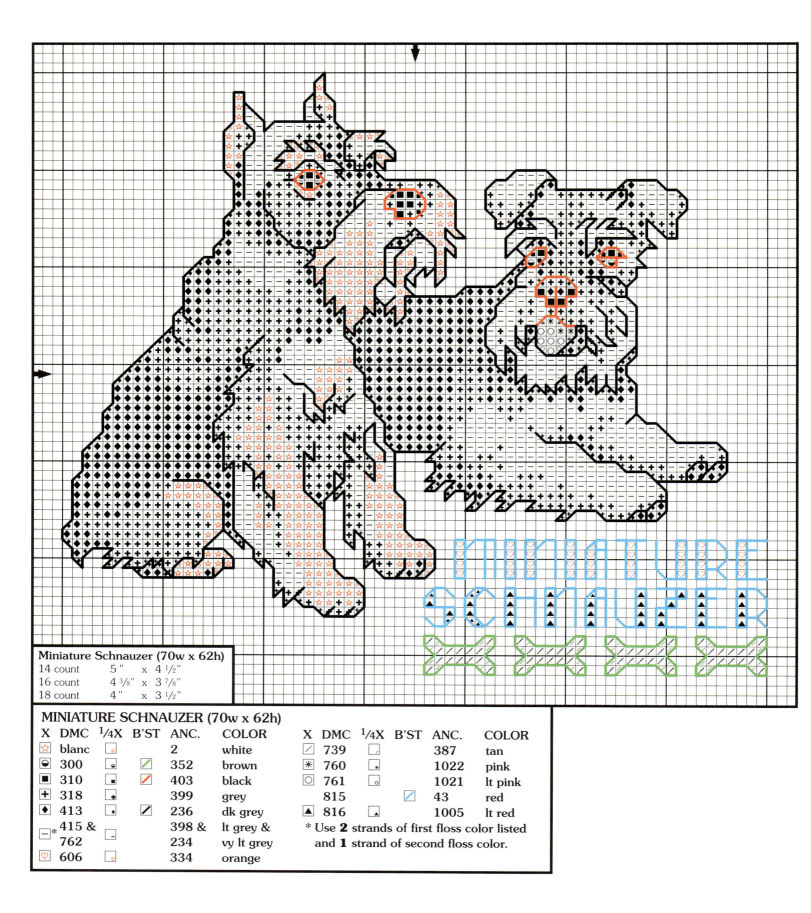

Miniature Schnauzer (70w x 62h)

14 count	5 "	x	4 ½"
16 count	4 ⅜"	x	3 ⅞"
18 count	4 "	x	3 ½"

MINIATURE SCHNAUZER (70w x 62h)

X	DMC	¼X	B'ST	ANC.	COLOR		X	DMC	¼X	B'ST	ANC.	COLOR
☆	blanc	☆		2	white		⟋	739			387	tan
◖	300	◖	⟋	352	brown		✳	760			1022	pink
■	310	■	⟋	403	black		○	761			1021	lt pink
✚	318	✚		399	grey			815		⟋	43	red
◆	413	◆	⟋	236	dk grey		▲	816			1005	lt red
—*	415 & 762			398 & 234	lt grey & vy lt grey		* Use **2** strands of first floss color listed and **1** strand of second floss color.					
♡	606	♡		334	orange							

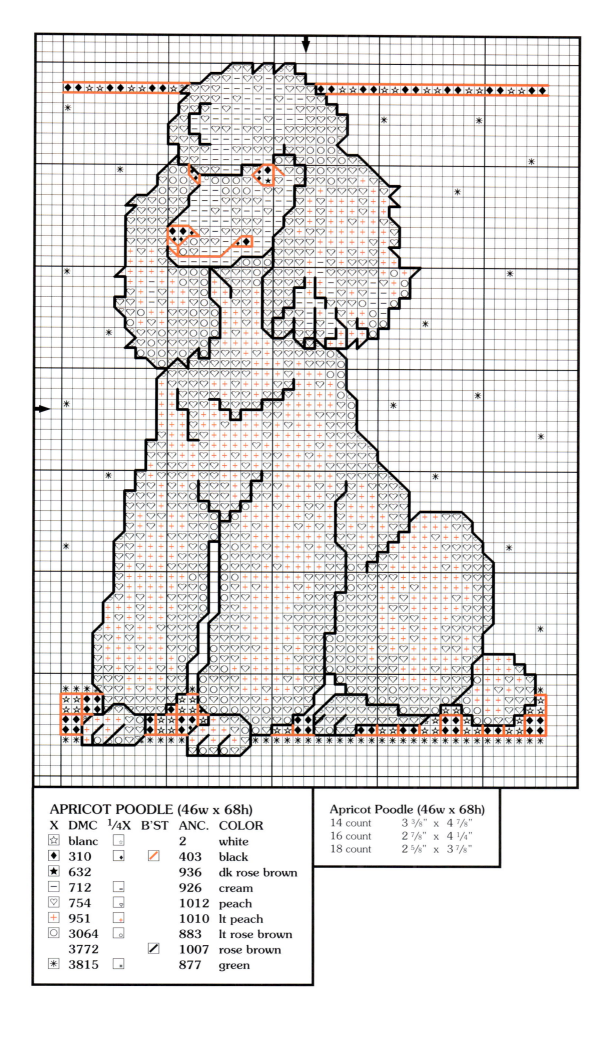

APRICOT POODLE (46w x 68h)

X	DMC	¼X	B'ST	ANC.	COLOR
☆	blanc	☆		2	white
◆	310	◆	╱	403	black
★	632			936	dk rose brown
—	712	—		926	cream
♡	754	♡		1012	peach
+	951	+		1010	lt peach
○	3064	○		883	lt rose brown
	3772		╱	1007	rose brown
✳	3815	✳		877	green

Apricot Poodle (46w x 68h)

14 count	3 ³/₈"	x	4 ⁷/₈"
16 count	2 ⁷/₈"	x	4 ¼"
18 count	2 ⁵/₈"	x	3 ⁷/₈"

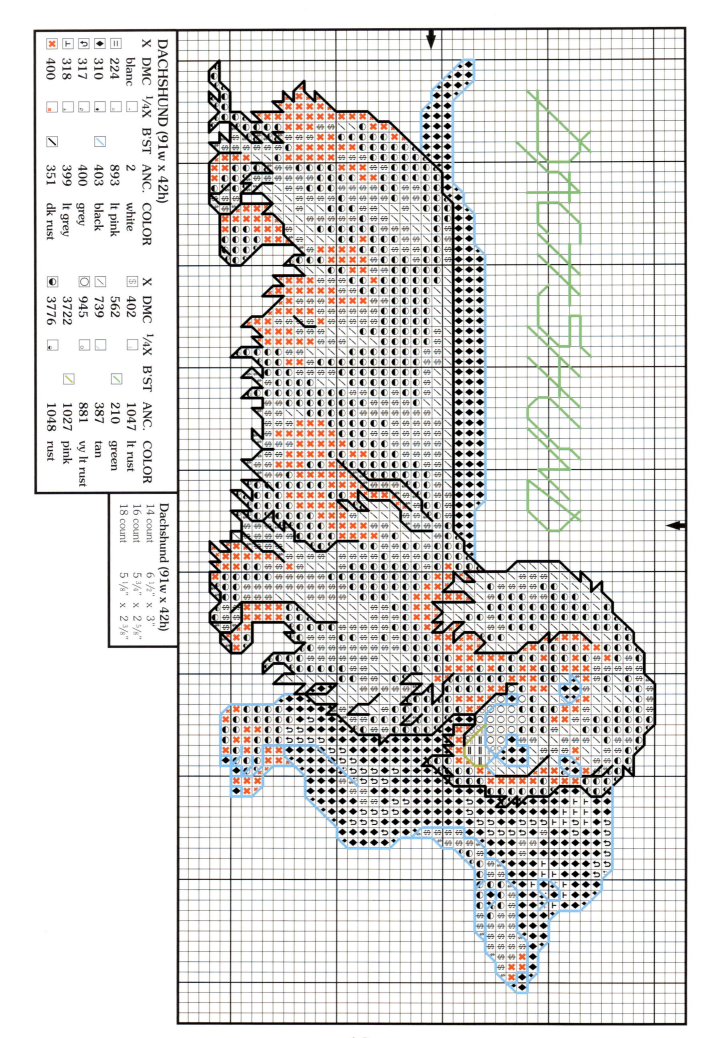

DACHSHUND (91w x 42h)

X	DMC	1/4X	B'ST	ANC.	COLOR
.	blanc	.		2	white
≡	224			893	lt pink
◆	310	◆		403	black
↱	317	↱		400	grey
⊥	318	⊥		399	lt grey
✖	400	×		351	dk rust

X	DMC	1/4X	B'ST	ANC.	COLOR
⑂	402			1047	lt rust
◢	562	◢		210	green
◯	739			387	tan
◐	945			881	vy lt rust
◢	3722	◢		1027	pink
◻	3776	◻		1048	rust

Dachshund (91w x 42h)

14 count	6 1/2" x 3"
16 count	5 3/4" x 2 5/8"
18 count	5 1/8" x 2 3/8"

13

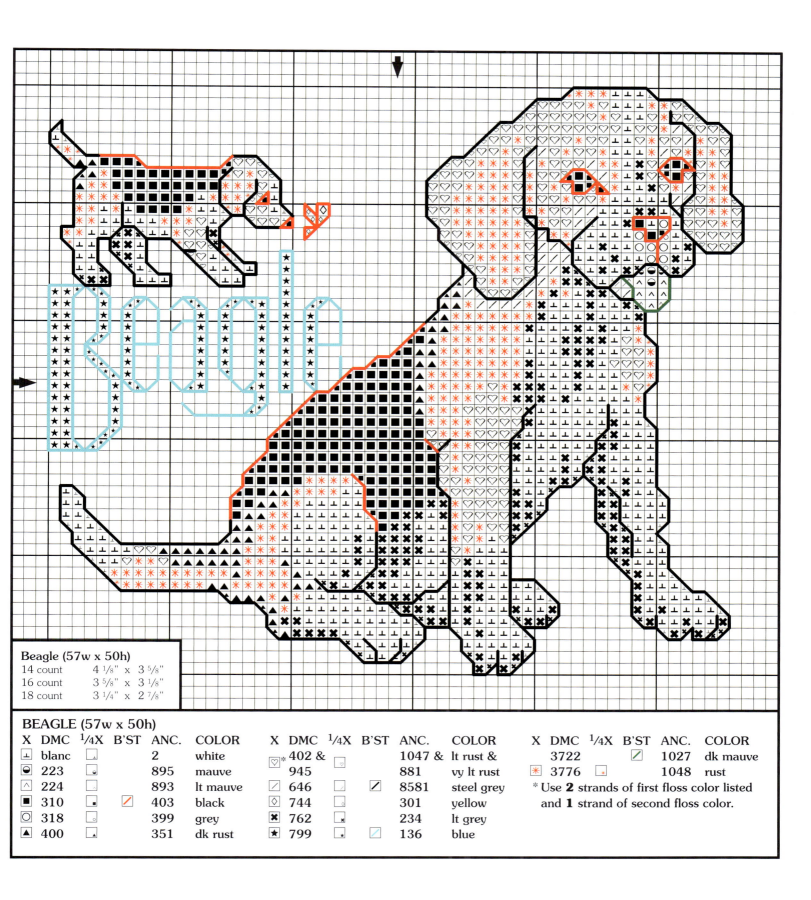

Beagle (57w x 50h)

14 count	4 1/8" x 3 5/8"	
16 count	3 5/8" x 3 1/8"	
18 count	3 1/4" x 2 7/8"	

BEAGLE (57w x 50h)

X	DMC	1/4X	B'ST	ANC.	COLOR	X	DMC	1/4X	B'ST	ANC.	COLOR	X	DMC	1/4X	B'ST	ANC.	COLOR
⊥	blanc			2	white	♡*	402 &			1047 &	lt rust &		3722		∕	1027	dk mauve
◕	223			895	mauve		945			881	vy lt rust	✳	3776			1048	rust
◠	224			893	lt mauve	∕	646		∕	8581	steel grey	* Use **2** strands of first floss color listed					
■	310		∕	403	black	◇	744			301	yellow	and **1** strand of second floss color.					
○	318			399	grey	✖	762			234	lt grey						
▲	400			351	dk rust	★	799		∕	136	blue						

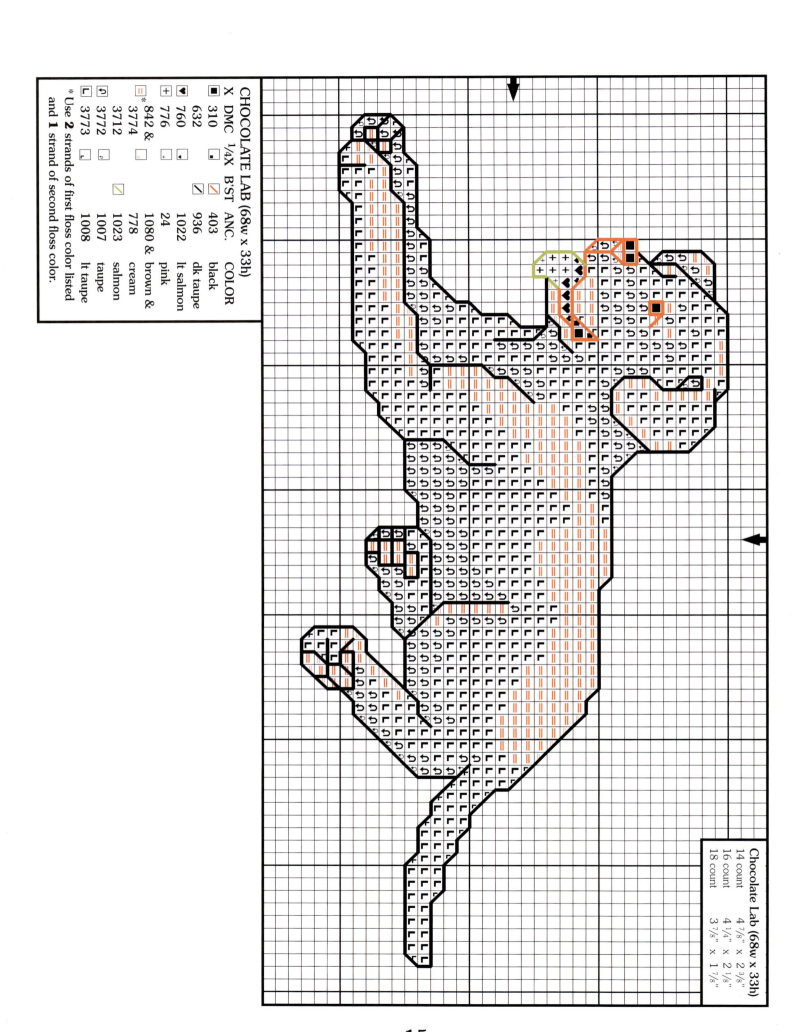

CHOCOLATE LAB (68w x 33h)

X	DMC	¼X	B'ST	ANC.	COLOR
■	310	■	⁄	403	black
▼	632	▼		936	dk taupe
+	760	+		1022	lt salmon
♦	776			24	pink
≡	*842 &			1080 &	brown &
	3774			778	cream
	3712			1023	salmon
↻	3772	↻		1007	taupe
L	3773	L		1008	lt taupe

* Use **2** strands of first floss color listed
  and **1** strand of second floss color.

Chocolate Lab (68w x 33h)

14 count	4 7/8" x 2 3/8"
16 count	4 1/4" x 2 1/8"
18 count	3 7/8" x 1 7/8"

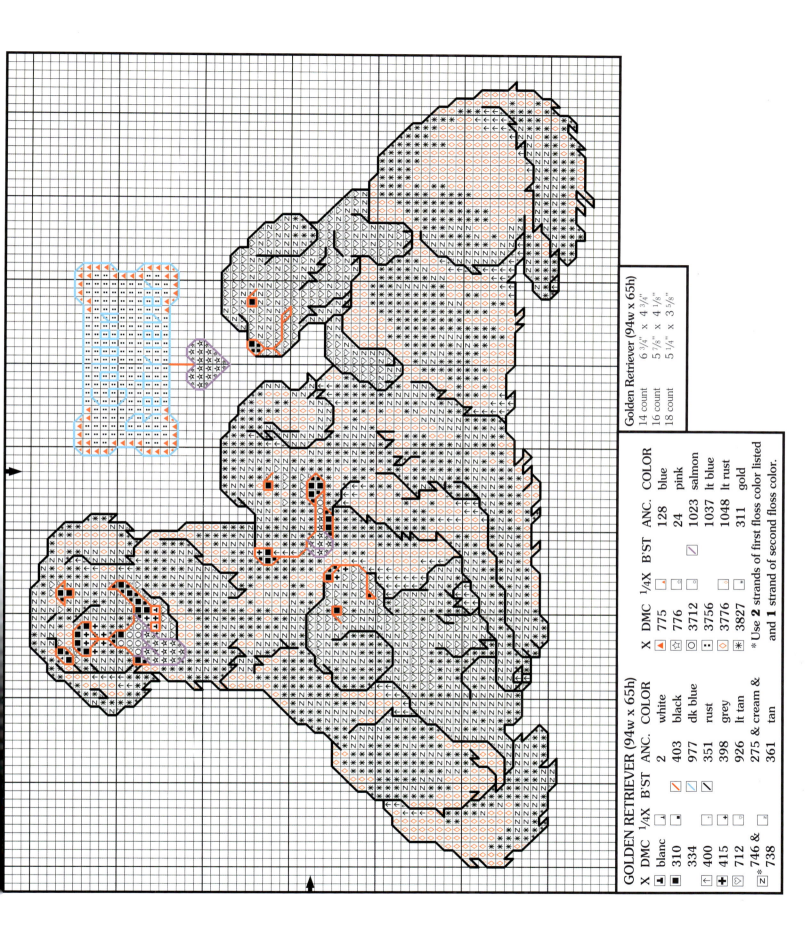

Golden Retriever (94w x 65h)

14 count	6 ³/₄"	x 4 ³/₄"
16 count	5 ⁷/₈"	x 4 ¹/₈"
18 count	5 ¹/₄"	x 3 ⁵/₈"

X	DMC	¹/₄X	B'ST	ANC.	COLOR
◢	775	◤		128	blue
☆	776	⬡		24	pink
○	3712	⬡		1023	salmon
⊡	3756			1037	lt blue
◇	3776	◇	╱	1048	lt rust
✳	3827			311	gold

*Use **2** strands of first floss color listed
and **1** strand of second floss color.

GOLDEN RETRIEVER (94w x 65h)

X	DMC	¹/₄X	B'ST	ANC.	COLOR
◣	blanc	◢		2	white
■	310	▪		403	black
	334		╱	977	dk blue
←	400	◸		351	rust
✚	415	✚		398	grey
◿	712	◿		926	lt tan
Z	746 &			275	& cream &
	738	z		361	tan

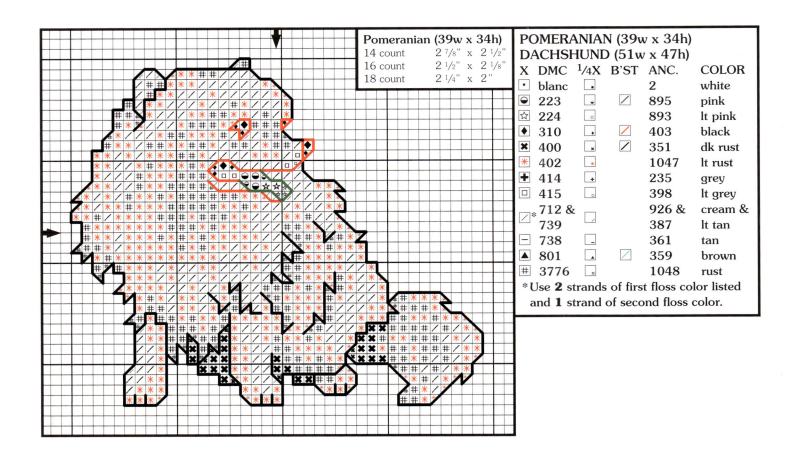

Pomeranian (39w x 34h)

14 count	2 7/8" x	2 1/2"
16 count	2 1/2" x	2 1/8"
18 count	2 1/4" x	2"

POMERANIAN (39w x 34h)
DACHSHUND (51w x 47h)

X	DMC	1/4X	B'ST	ANC.	COLOR
·	blanc	·		2	white
⬤	223	·	⟋	895	pink
☆	224	☆		893	lt pink
◆	310	·	⟋	403	black
✖	400	✖	⟋	351	dk rust
✳	402	·		1047	lt rust
✚	414	+		235	grey
□	415	□		398	lt grey
⟋*	712 & 739			926 & 387	cream & lt tan
—	738	—		361	tan
▲	801	▲	⟋	359	brown
#	3776	#		1048	rust

*Use **2** strands of first floss color listed and **1** strand of second floss color.

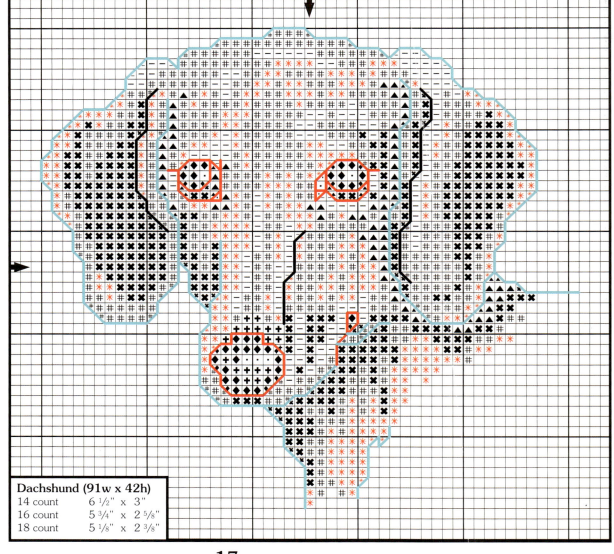

Dachshund (91w x 42h)

14 count	6 1/2" x	3"
16 count	5 3/4" x	2 5/8"
18 count	5 1/8" x	2 3/8"